Peter Haimerl
beierle.goerlich

BLAIBACH

Sandra Hofmeister (Hg./Ed.)

Mit Texten von /
With texts by
Jutta Görlich
Sandra Hofmeister
Moritz Holfelder

Edition DETAIL

Blaibach ist ein Kulturdorf im Bayerischen Wald.

Blaibach is a cultural village in the Bavarian Forest.

30
ZONE
Gemischtwaren

BLAIBACH

Blaibach liegt inmitten der herben Landschaft des Bayerischen Waldes.
Hügel schirmen das Dorf vor den kalten Nordostwinden ab.
In den umliegenden Wäldern wachsen Fichten, Tannen und Föhren,
vereinzelt auch Laubbäume und viele Beeren und Pilze.
Nicht weit entfernt ist die tschechische Grenze.

Zwei Flüsse fließen bei Blaibach zusammen,
der Schwarze Regen und der Weiße Regen.
Ihr Wasser ist bräunlich, moorig, nach Regenfällen olivgrün.
Den Flussgrund kann man nicht sehen.
Es gibt Zahmwasser und Wildwasser.

BLAIBACH

Blaibach lies in the midst of the rugged landscape of the Bavarian Forest.
Hills defend the village from the cold northeast winds.
Spruces, firs and pines fill the surrounding woods.
Throughout it are deciduous trees, and many berries and mushrooms.
The Czech border is not far away.

Two rivers flow together at Blaibach,
the Black Regen and the White Regen.
Their water is brownish, swampy and, after rainfall, olive green.
It obscures the riverbed.
There are calm waters, and rapids, too.

Steinhauer

Früher war Blaibach ein Steinhauerdorf.
In den umliegenden Steinbrüchen bauten die Blaibacher Granit ab.
In jedem Haus lebte ein Steinhauer oder ein Steinmetz.
Doch dann wurde die Konkurrenz aus China billiger.
Als die Steinbrüche schlossen, wurden viele Blaibacher zu Fernpendlern.
Oder sie zogen weg, um Arbeit zu finden.
Die steilen Felsen, Tümpel und Halden rund um das Dorf erinnern an die Vergangenheit.
Der Abbau von Granit hat Spuren im Wald hinterlassen.
Doch die Natur hat die Steinbrüche um Blaibach herum zurückerobert.
Wege führen durch die bewachsene Haldenlandschaft.

Bauern

Jede Familie hatte eine kleine Landwirtschaft, von der sie lebte.
Die Kleingütler besaßen eine Kuh, Hühner und Ziegen.
Ihre Häuser waren einfache Waidlerhäuser aus Granit und Holz.
Heute sind nahezu alle alten Häuser verschwunden.
Als Zeugen einer armen Zeit mussten sie weichen.

Touristen

Blaibach ist ein staatlich anerkannter Erholungsort.
Früher kamen Sommergäste und Wintergäste.
Die meisten waren aus Berlin.
Sie gingen zum Baden im Blaibacher See, radelten und angelten.
Oder sie rodelten und fuhren Ski.
Für die Blaibacher waren die Gäste der Kontakt zur Welt.
Um sie zu unterhalten, veranstalteten sie volkstümliche Abende.
Die Vereine luden zu Festen ein.

Stonecraft

In former times, Blaibach was a stonecraft village.
Blaibachers mined granite in the nearby quarries.
In every house lived a quarryman or mason.
But then there were low-cost rivals from overseas.
When the quarries closed, many Blaibachers became long-distance commuters.
Or they moved away to find work.
The steep cliffs, water basins and rock piles around the village are vestiges of the past.
Granite mining has left its traces in the forest.
But nature has reconquered the quarries around Blaibach.
Paths lead through the overgrown slag heap landscape.

Farmers

Each family had a small farm that they lived from.
Each smallholding had a cow, chickens and goats.
Their houses were simple traditional farmhouses, made of granite and wood.
Today nearly all the old houses have disappeared.
As witnesses of a time of hardship, they were no longer wanted.

Tourists

Blaibach is a state-approved resort.
It was once frequented by summer and winter guests.
Most of them were from Berlin.
They swam in Blaibach Lake, they cycled and fished.
They tobogganed and skied.
For the Blaibachers, guests were a connection to the world.
To entertain them, they organized folk evenings.
Local clubs invited them to their parties.

Stillstand und Leere

Als sich der Eiserne Vorhang öffnete,
zog es immer weniger Gäste nach Blaibach.
Das Dorf veränderte sich.
Die Gäste wollten nicht durch die neuen Siedlungen aus Einfamilienhäusern wandern.
Sie wollten nicht in den Gewerbegebieten spazieren gehen.
Die Fremdenzimmer waren nicht modernisiert,
Etagendusche und Waschbecken im Zimmer genügten nicht mehr.
Lieber reisten die Touristen mit dem Billigflieger in den Süden,
dorthin, wo es Wärme und Wellness, Après-Ski und Party gab.
Die zehn Wirtshäuser in Blaibach standen leer.
Das Freibad wurde geschlossen.
Die Bäckerei gab auf, die Metzgerei öffnete nur manchmal.
Die Blaibacher selbst wohnen in Siedlungen am Dorfrand und arbeiten woanders.

Die Ortsmitte steht leer.
Die verlassenen Häuser verfallen.
Die Blaibacher Bürger suchen nach einer Lösung.
Zusammen mit dem Architekten Peter Haimerl und dem Bariton Thomas E. Bauer
beginnen sie, sich neu zu definieren.
Viele helfen mit: Behörden, Politiker, Bürger und Künstler.

Standstill and desolation

After the Iron Curtain opened,
fewer and fewer guests came to Blaibach.
The village had changed.
Tourists did not want to visit the new communities of detached homes.
They did not want to stroll around the industrial areas.
The guest rooms were not modernized;
A shower down the hall and rooms with washbasins were no longer enough.
Tourists preferred to fly south,
where there's warmth and wellness; to après-ski and nightlife.
The ten inns in Blaibach stood empty.
The outdoor pool was drained.
The bakery gave up altogether; the butcher opened only on occasion.
The Blaibachers themselves lived in homes on the edge of the village and went elsewhere for work.

The town centre was empty;
The deserted buildings in decay.
The citizens of Blaibach sought a solution.
Together with the architect Peter Haimerl and the baritone Thomas E. Bauer,
they began to redefine themselves.
Many came to help: authorities, politicians, local residents and artists.

Kulturdorf

Die Gemeinde erwirbt ein leerstehendes Gebäude in der Ortsmitte.
Sie baut es zum Bürgerhaus um und holt ihr Rathaus vom Ortsrand wieder in das Dorfzentrum zurück.
Dort richtet der Sänger Thomas E. Bauer ein ruinöses Waidlerhaus wieder her.
Zusammen mit dem Musiker und dem Architekten Peter Haimerl
bauen die Blaibacher in der leeren Ortsmitte ein kleines Konzerthaus aus Beton und Granit.
Blaibach erhält einen neuen Dorfplatz und ein neues Zentrum.

Renommierte Musiker aus der ganzen Welt treten in Blaibach auf.
Das Konzerthaus hat eine gute Akustik.
Jedes Jahr gibt es sechzig Aufführungen.
Die Kammerkonzerte, Klavierabende und Symphonien sind ausverkauft.
Auch die Blaibacher werden Konzerthausbetreiber,
sie laden Kirchenmusiker und Volksmusikanten ein.

Heute zieht es wieder Touristen nach Blaibach.
Das Hotel ist an Spieltagen ausgebucht, ein neues Wirtshaus hat eröffnet.

Cultural village

The village acquired a vacant building in the heart of town.
They turned it into a community centre and brought the town hall back in from the outskirts.
This is where the singer, Thomas E. Bauer, refurbished a dilapidated farmhouse.
Together with the musician and the architect Peter Haimerl,
the Blaibachers built a small concert hall of concrete and granite in the empty heart of the village.
Blaibach received a new village square and a new centre.

Renowned musicians from all over the world perform in Blaibach.
The concert hall has good acoustics.
Every year there are 60 performances.
The chamber concerts, piano recitals and symphonies are sold out.
The Blaibachers also help to fill the concert hall,
inviting church musicians and folk musicians.

Nowadays tourists are visiting Blaibach again.
The hotel is fully booked when there is a performance; a new inn has opened.

Bürgerhaus /
Community centre
Konzerthaus /
Concert hall
Waidlerhaus /
Traditional Bavarian
farmhouse
Stadl Waidlerhaus /
Traditional barn

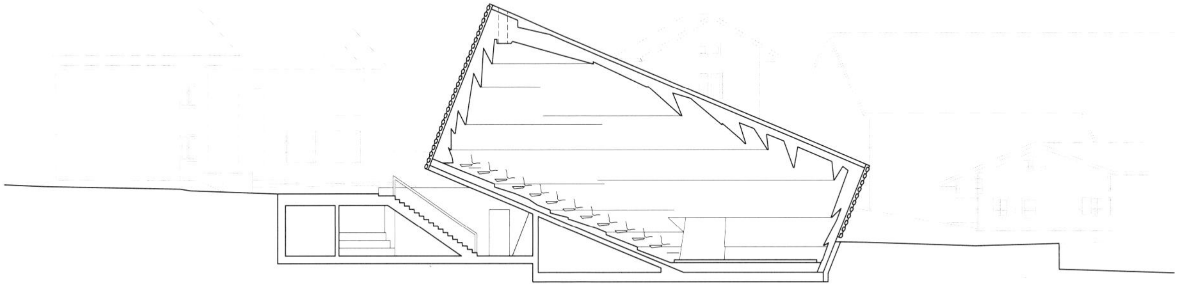

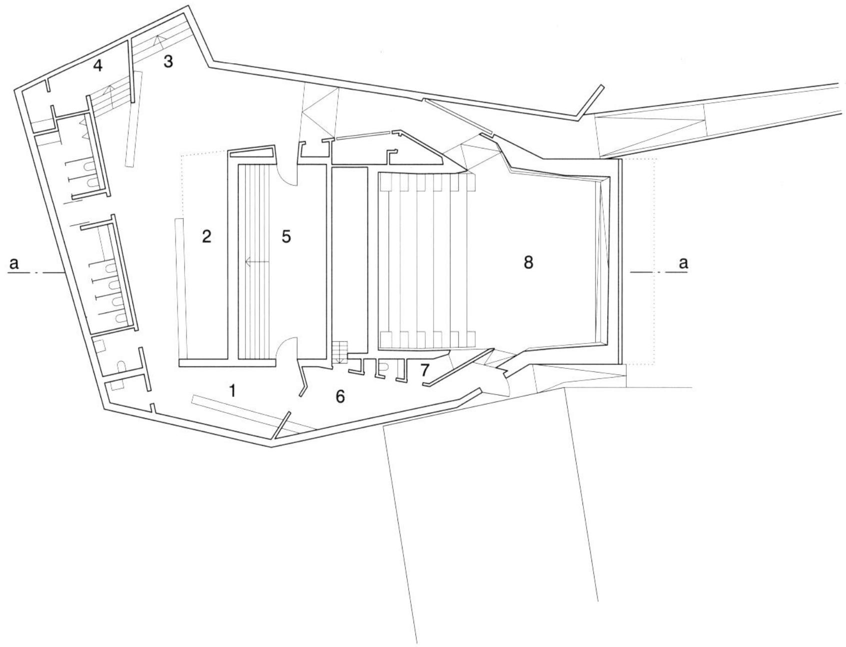

Konzerthaus / Concert hall
Schnitt / section
Grundriss / floor plan
Maßstab / scale 1:400
1 Empfang / Foyer
2 Garderobe / Cloakroom
3 Sitzstufen / Seating steps
4 Getränkelager / Drinks storage
5 Technik / Control room
6 Künstlerraum / Artists' rooms
7 Regie / Direction
8 Bühne / Stage

Die neue Ortsmitte

Mit einer Konzerthalle, einem Bürgerhaus und einem Waidlerhaus wurde die ehemals verlassene Ortsmitte in Blaibach wiederbelebt. Das Gebäudeensemble aus Neubauten und Sanierungen ist zu einem couragierten städtebaulichen Raumkonzept gebündelt. Der Architekt Peter Haimerl und der Bariton Thomas E. Bauer konzipierten es gemeinsam mit Bürgern, Politikern und Kulturschaffenden aus dem Bayerischen Wald.

Text: Sandra Hofmeister

Von weitem schon weist der spitze gelbe Kirchturm den Weg zur Ortsmitte von Blaibach. Das oberpfälzische 2000-Seelen-Dorf liegt nahe an der tschechischen Grenze im Vorderen Bayerischen Wald. Der Strukturwandel, von dem viele Gemeinden der Region betroffen sind, hat auch hier seine Spuren hinterlassen. Die Einwohnerzahl von Blaibach ist stark gesunken. Es gab keine Arbeit und keinen Grund für junge Leute, dort zu bleiben. Immer weniger Touristen kamen in den Ferien. Von den früheren Gaststätten und Läden waren nur noch wenige übrig. Die Schule war längst in den Nachbarort verlegt, das Freibad geschlossen. Die meisten Bewohner fahren mit dem Auto nach Cham, sie sind keine Bauern mehr. Die Folgen dieser Entwicklung waren offensichtlich: Verlassene Gebäude säumten die Dorfstraße. Die Ortsmitte stand leer – sie existierte nicht mehr. In Blaibach gab es kaum Leben.
Doch diese Agonie hat sich in der Zwischenzeit geändert. Das Dorf hat ein neues Zentrum, einen kulturellen und politischen Mittelpunkt mit einem Konzert- und einem Bürgerhaus. Nur das große Engagement vieler Einzelner machte die beispielhafte Revitalisierung der Ortsmitte durch einen gemeinsamen Kraftakt möglich: 2011 stellte die Gemeinde einen Antrag auf Städtebauförderung im Rahmen des Modellvorhabens „Ort schafft Mitte". Das Planungsvorhaben kam in Schwung. „Es war ein zäher Prozess, von Anfang an war ich auf der Suche nach Leuten", erinnert sich Peter Haimerl, der die Blaibacher letztlich als Mitstreiter gewann und von seinen Plänen überzeugen konnte. Mit dem Bürgermeister und Gemeinderat hatte der Architekt leidenschaftliche Verbündete für die Idee einer neuen Ortsmitte gefunden. Auch Thomas E. Bauer unterstützte das Projekt von Anfang an. Beruflich ist der renommierte Bariton aus Deggendorf auf internationalen Bühnen wie der Mailänder Scala unterwegs. „Wenn man Glück hat im Leben, dann wächst auch die Verpflichtung, etwas zu tun und der Gemeinschaft wieder etwas zurückzugeben", meint der Gründer der Kulturwald-Festspiele. Mit dem neuen Konzerthaus hat das musikalische Programm seiner Initiative ein bleibendes Zuhause gefunden. Als der Sänger das baufällige Waidlerhaus im Dorfzentrum erwarb – ein typisches Bauernhaus der Region, das hinter der geplanten Konzerthalle im Ortskern von Blaibach leer stand –, sank die Skepsis bei vielen Kritikern. In einem offenen Prozess mit zahlreichen Bürgerversammlungen und Workshops kam die Planung schrittweise voran und setzte sich gegen viele Hindernisse durch. Eine Bürgerinitiative gegen den Konzertsaal versuchte zeitweise sogar, das Projekt zu stoppen. Doch die Initiatoren und der Förderverein überzeugten durch stichhaltige Argumente. Unterstützt wurden sie von vielen Sponsoren, die den Bau der Konzerthalle durch finanzielle Zuwendungen, als Stuhlpaten, durch Sachleistungen für den Bau oder durch eigene Tatkraft voranbrachten. Auch die Gemeinderäte haben auf der Baustelle Steine geklopft. „Architektur lässt sich nicht institutionalisieren, sie braucht privates Engagement", meint Peter Haimerl. „Das gibt es heute zwar kaum noch. Wer aber etwas auf die Beine stellen will, der muss selbst mit anpacken." In Blaibach hat sich beispielhaft gezeigt, dass sich das Anpacken lohnt.

A New Village Centre

With a concert hall, a community centre and a Waidlerhaus, the once desolate centre of Blaibach has been revived. The ensemble of new and refurbished buildings is bundled into a bold spatial concept. Munich-based architect Peter Haimerl and baritone singer Thomas E. Bauer designed it in collaboration with local residents, politicians and artists from the Bavarian Forest.

Text: Sandra Hofmeister

From afar, the tall yellow church tower beckons to the heart of Blaibach. The village of 2,000 inhabitants in the Upper Palatinate lies close to the Czech border in the foothills of the Bavarian Forest. The structural changes that affected many municipalities in the region had left its mark here as well. No new jobs meant no reason for young people to stay, and the population of Blaibach had drastically declined. Ever fewer tourists came to visit during the holidays. Only a handful of restaurants and shops remained. The school had long since relocated to the neighbouring town and the open-air swimming pool was shut down. Most of the residents drive to work in the small city of Cham nearby; farming is a thing of the past. The consequences of this development were clear: abandoned buildings lined the streets. The centre of the village was empty – it no longer existed. There was hardly any life in Blaibach.
But the tide has since turned. The village has been revived with a new concert hall and a community centre, which together serve as a cultural and political hub. This exemplary revitalization of the village centre was only possible through the engagement and dedication of many individuals working together. In 2011, the municipality submitted an application for funding through "Ort schafft Mitte", a development programme piloted by the Bavarian government to revitalize town centres. The project gained momentum. "It was a tough process. I was looking for people to work with right from the start," recalls Peter Haimerl, who ultimately won over the residents of Blaibach as partners, convincing them of his plans. With the mayor and local council, the architect found committed allies for the idea of establishing a new village centre. Thomas E. Bauer also supported the project from the very beginning. The renowned baritone singer from Deggendorf has performed on the world's greatest stages, such as the Scala in Milan. "If you are lucky in life, then you have a greater obligation to be active and give back to the community," says the founder of the Kulturwald Festival. With the new Konzerthaus Blaibach, his musical initiative has found a permanent home. When the singer acquired the old Waidlerhaus – a typical Bavarian farmhouse – which had long stood empty just behind the planned concert hall, many of the project's initial sceptics began to think otherwise. In an open process involving numerous town hall meetings and workshops, the planning advanced step by step, overcoming numerous obstacles along the way – including a citizens' group that attempted to block the concert hall project. But the initiators and fundraising association prevailed with their sound arguments. Numerous patrons helped to drive the project forward in diverse ways: with financial contributions, seat sponsorships, in-kind contributions to the actual construction and their own enthusiasm. Members of the local council also lent a helping hand at the building site.
"Architecture cannot be institutionalized. It requires private engagement," says Peter Haimerl. "But that's hard to find these days. If you want to get something up and running, you have to help yourself." Blaibach has proven that it pays off to work together.

A resonant space of light concrete

The concert hall juts out of the earth like a large granite rock. It follows the sloping topography with its angled roof, and opens towards the village church. With

Klangkörper aus Leichtbeton

Wie ein großer Granitfelsen schiebt sich das Konzerthaus in den Hang. Es nimmt die Neigung in der Schräge seines Dachs auf und orientiert sich zur Dorfkirche. Die Außenfassaden der „gekippten Schuhschachtel", wie der Architekt das Gebäudevolumen umschreibt, verweisen mit ihren rauen Granitsplittern auf die frühere Steinhauertradition in Blaibach. Auf dem verlassenen Gelände eines Gebrauchtwagenhändlers am Dorfrand wurden die zwanzig Tonnen schweren Betonplatten einzeln gegossen. Gemeinsam mit dem damaligen Bürgermeister sowie Helfern aus Blaibach und München legte Jutta Görlich, Künstlerin und Ehefrau des Architekten, über 45.000 Steine aus, um sie handverlesen in die mit rotem Blaibacher Sand gefüllten Schalungselemente zu pressen. Die schmale Hauptfassade des Quaders öffnet sich zu einem Schlitz, unter dem eine breite Treppe zum Haupteingang führt. Das unterirdische Foyer empfängt die Besucher mit einer gekonnt inszenierten Dramaturgie. Denn mit jedem Schritt nimmt die Deckenhöhe zu, der Raum gewinnt an Großzügigkeit. Seine schrägen, kantigen Betonwände und Decken sind mit Micro-Akustikplatten aus Lärchenholz verkleidet, die für eine warme und erdverbundene Atmosphäre sorgen. Der Konzertsaal ist der überraschende Höhepunkt dieses räumlichen Schauspiels. Seine Wände falten sich in Schichten und Lamellen zu einem großen, fensterlosen Klangraum. Über 3000 Schalungselemente brachten den porösen Leichtbeton mit Glasschaumschotter in Form, jedes davon war anders. Die ungewöhnlich lebendige Struktur, die durch das Material entstand, steigert die Assoziation von verschiedenen Gesteinsschichten einer Klanghöhle. Zusätzlich sorgen die Poren im Beton für eine gute Akustik – sie absorbieren mittlere Töne. Unter den geschichteten Wandschlitzen befinden sich LED-Lichtbänder, die von der Zuschauertribüne aus unsichtbar bleiben und gleichmäßiges, indirektes Licht in den Saal strömen lassen. Dass die Akustik auch dank der unsichtbaren Bassabsorber hervorragend ist, kann Thomas E. Bauer als Experte bestätigen: „Der Raum veredelt den Klang wie eine Stereoanlage, deren Töne sich nicht überschlagen", schwärmt er. Zum Eröffnungskonzert im September 2014 wurde die „Die Schöpfung" von Joseph Haydn aufgeführt. Jeder der 200 Plätze in den dreizehn Sitzreihen der steilen Tribüne war besetzt. Die Wire-Chair-Schalen von Charles und Ray Eames, auf denen die Konzertbesucher sitzen, sind mit Stahlschwertern auf der frei schwebenden Tribünenkonstruktion angebracht.

Investition für die Zukunft

Insgesamt 400.000 Euro hat die Gemeinde für ihren neuen Konzertsaal investiert, den Rest der Baukosten von insgesamt 1,6 Millionen Euro deckten das Städtebauförderprogramm „Ort schafft Mitte", Mittel der Kulturförderung und Sponsoren. Dass sich die beachtliche Investition für das kleine Dorf gelohnt hat, steht heute schon fest. Thomas E. Bauer und die Pianistin Uta Hielscher decken mit der Kulturwald-Initiative, die sie eigens zu diesem Zweck gegründet haben, die Betriebskosten der Konzerthalle und organisieren alle Konzerte. Auf dem Programm stehen Bach-Kantaten und Kammerkonzerte, Schubert-Lieder und Mozart-Klaviersonaten. Eine Fahrt nach Blaibach lohnt sich nicht nur für Architektur- sondern auch für Musikliebhaber.

Architektur für die Bürger

Für den Bau der Konzerthalle und den neuen Dorfplatz wurde eine marode Bäckerei abgerissen. Außerdem erwarb die Gemeinde ein leer stehendes Gebäude neben dem Neubau, um ihr Bürgerhaus wieder vom Ortsrand in die Dorfmitte zu verlagern. Peter Haimerl sanierte und erweiterte den Bestand mit großer Akribie und viel Gespür für Materialien und die Bausubstanz. Er ummantelte die Lehmziegel des Satteldachhauses

its rough granite facade, the "tilted shoebox" – as the architect describes the building's volume – pays tribute to the stone masonry tradition in Blaibach. Weighing 20 tonnes each, the facade's concrete slabs were prepared at the abandoned premises of a second-hand car dealership on the edge of the village. Working together with the mayor at the time, and with helpers from Blaibach and Munich, Jutta Görlich – an artist and the architect's wife – laid out more than 45,000 stones, which were then pressed by hand into the formwork elements filled with red Blaibach sand. The cuboid's slender front facade opens to reveal a slit, where a wide staircase leads down to the main entrance. The subterranean foyer welcomes visitors with a skilfully staged dramaturgy. With every step they take inside, the ceiling becomes higher, increasing the generosity of the space. Its sloping, angled concrete walls and ceilings are clad with micro-acoustic panels of larch wood, creating a warm and earthy atmosphere. The concert hall is the surprising climax of this spatial spectacle. Its walls fold into layers and slats to form a large, windowless resonant space. More than 3,000 foam glass panels, each different from the next, lend form to the porous lightweight concrete. The result is a remarkably lively structure that evokes an image of rock layers lining the walls of a resonant cave. The pores in the concrete ensure good acoustics, absorbing mid-frequency sounds. LED light strips hidden along the underside of the layered wall surfaces allow indirect light to evenly illuminate the hall while remaining out of sight. The acoustics are excellent, thanks to the hidden bass absorbers, notes Thomas E. Bauer with the authority of an expert. "The space refines the sound like a high-end stereo system that boasts crisp, clear tones," he enthuses. The concert hall opened in 2014 with a performance of "The Creation" by Joseph Haydn. All 200 seats in the 13 rows of the steep tribune was occupied. Spectators sit on Wire Chair shells, designed by Charles and Ray Eames, which have been mounted to the slender steel supports of the free-floating grandstand construction.

Investment for the future

The municipality invested 400,000 euros for its new concert hall; the remaining construction costs of 1.6 million euros were covered by the "Ort schafft Mitte" state development programme, by regional cultural funding and by private sponsors. There is no doubt that the considerable investment has been worthwhile for the small village. Thomas E. Bauer and the pianist Uta Hielscher cover the operating costs of the concert hall and organize all of the concerts through the Kulturwald music festival that they founded. The musical programme includes Bach cantatas and chamber concerts, Schubert's Lieder and Mozart's piano sonatas. A trip to Blaibach is well worth the trip; for lovers of architecture and music alike.

Architecture for the people

For the construction of the concert hall and the new village square, a dilapidated old bakery was demolished. The local authority also acquired an abandoned building adjacent to the concert hall, which now serves as the new central location for the community centre, which was relocated from the village outskirts. Peter Haimerl meticulously renovated and extended the existing building with a keen sense for the building fabric and its materials. The original mud tiles on the saddle roof were covered in a sheath of white glass concrete; the original structure and window openings were retained. Today, the elegant interiors of the new community centre are home to the tourist information office and the village administrative offices. Granite floors and exposed concrete walls endow the rooms, staircases and halls with an air of simplicity as well as tradition. The architect also designed the accompanying pine wood furniture with its clean contours, as well as the simple plywood chairs

mit weißem Glasbeton. Die ursprünglichen Strukturen und Fensteröffnungen des Gebäudes wurden beibehalten. In den eleganten Innenräumen des neuen Bürgerhauses sitzen das Touristeninformationsbüro und die Gemeindeverwaltung. Granitböden und Sichtbetonwände halten die Zimmer, Treppen und Säle ebenso schlicht wie traditionsverbunden. Die nüchternen Möbel aus Tanne konzipierte der Architekt gleich mit – ebenso wie die einfachen Schichtholzstühle, die im Ratssaal im ersten Stock des rückwärtigen Erweiterungstrakts aufgereiht sind. Zwei bodentiefe Fenster öffnen den Raum ins Freie, ihre Positionen haben feine Hintergedanken: Wenn der Gemeinderat tagt oder geheiratet wird, rücken auf der einen Seite Kirchturm und benachbartes Schloss ins Blickfeld. Auf der anderen Seite zeichnet sich am Horizont hinter dem neuen Konzerthaus der bewaldete Bergkamm des Predigtstuhls ab. Subtil vermittelt die Architektur des neuen Bürgerhauses die Qualitäten der Region. Sie schafft eine Brücke zwischen traditioneller Baukultur und den kühnen zeitgenössischen Formen der benachbarten Konzerthalle.

Baukultur und Denkmalpflege

„Heimat spielt für mich eine große Rolle“, sagt Thomas Bauer. „Seit ich den Bayerischen Wald vor dreißig Jahren verlassen habe, hat sich die Region stark verändert. Jetzt möchte ich selbst etwas zur Entwicklung beitragen.“ Er hat seinen Plan auch mit dem Kauf des Waidlerhauses an der Rückseite der Konzerthalle verwirklicht. Das denkmalgeschützte Gebäude von 1585 stand kurz vor dem Verfall. Heute sind seine Außenfassaden und die Innenräume mit einer Akribie saniert, die die Bemühungen in Freiluftmuseen noch übertrifft. Peter Haimerl legte größten Wert darauf, dass alles, was noch zu erhalten war, mithilfe handwerklicher Expertise aus der Region gerettet wurde. Ein aussteifender Betonkern stützt die Statik des vormals maroden Hauses, bleibt von außen aber unsichtbar. Auf der Putzfassade und an den Fenstern sind die ursprünglichen historische Schichten neben den behutsamen Ergänzungen zu sehen. Nicht nur an Wochenenden stehen staunende Menschen vor dem Haus, die das Schmuckstück in der Ortsmitte von Blaibach bewundern.
Baukultur kann Berge versetzen, sie kann Traditionen erneuern und Begeisterung für Neues wecken. Sie sorgt in Blaibach für Öffentlichkeit und für das Selbstverständnis einer Region, die allzu lange vergessen war und ihre Identität neu entdeckt.

that line the council hall on the upper floor of the rear extension wing. Two floor-to-ceiling windows open up the council hall to the outdoors. Their positioning was carefully considered: during local council meetings or weddings, the window on the one side of the space offers a view of the church tower and the neighbouring castle; on the other side, the view extends beyond the new concert hall to the wooded crest of the Predigtstuhl mountain on the horizon. The architecture of the new community centre subtly conveys the qualities of the region. It serves as a bridge between traditional building culture and the bold, contemporary forms of the neighbouring concert hall.

Building culture and preservation

"Nurturing a sense of home is important to me," says Thomas E. Bauer. "Since I first left the Bavarian Forest 30 years ago, the region has changed a lot. Now I'd like to contribute to its ongoing development." Another way he has done so was with his purchase of the Waidlerhaus, located just behind the concert hall. Dating back to 1585, the listed building was on the verge of collapse. Today, its outer facades and interiors have been meticulously restored, surpassing the efforts of the open-air museums in the region. As the architect, Peter Haimerl strove to preserve everything that could still be saved, and he engaged the help of skilled craftsman from the region to do so. A concrete core supports the statics of the once dilapidated building while remaining invisible from the outside. On the plaster facade and windows, the historical layers are still visible alongside the careful additions. On any given day of the week, it is not unusual to see people standing before the building, admiring this architectural gem in the centre of Blaibach. Building culture can move mountains; it can renew traditions and awaken enthusiasm for new creations. In Blaibach, it is responsible for bolstering the self-image of a village and promoting a region that was forgotten for too long, which is now rediscovering its identity.

BÜRGERHAUS

Kiefl
Metzgerei

KONZERTHAUS

49° 9‘ 57.891
12° 48‘ 27.747

Solitär
Fassade mit Granitbruchsteinen
Über die Hangkante gekippt
Treppenabgang ins Foyer
Spiegel zum Dorfplatz
Leichtbeton
Räumliche Falten und Lichtschlitze
Schuhschachtelprinzip
200 Plätze
Konzerte mit Musikern aus aller Welt

CONCERT HOUSE

49° 9’ 57.891
12° 48’ 27.747

Solitaire
Facade with granite quarry stones
Inclined over the edge of the slope
Stairs leading down to the foyer
Mirror to the village square
Lightweight concrete
Spatial folds and light slits
Shoebox principle
200 seats
Concerts with musicians from all over the world

BÜRGERHAUS

BÜRGERHAUS

Aus Leidenschaft und Solidarität

Wie Musik und Architektur in Blaibach zusammenkommen: Peter Haimerl und Thomas E. Bauer im Gespräch mit Moritz Holfelder.

Peter Haimerl ist gebürtiger Viechtacher, für das Konzerthaus in Blaibach hat der Architekt die wichtigsten nationalen Preise der Baukunst gewonnen. Thomas E. Bauer ist ein gefeierter Bariton und tritt auf den Bühnen der Welt auf, von Shanghai bis New York, Hamburg oder Blaibach. Dort ist er auch für das Programm und den Betrieb verantwortlich. Gemeinsam haben die beiden die Idee für ein Konzerthaus entwickelt und in einem langen Prozess umgesetzt. Am 12. September 2014 wurde es schließlich eröffnet. Das Gespräch fand in Blaibach statt, in dem restaurierten Waidlerhaus hinter der Konzerthalle, das Thomas E. Bauer bewohnt.

Holfelder: Das Konzerthaus ist ein außergewöhnliches Projekt mit bürgerschaftlicher Beteiligung, und das in einer strukturschwachen Region. Inzwischen wurde es vielfach ausgezeichnet, etwa mit der Nike des Bundes Deutscher Architekten (BDA). Wenn man die Vorgeschichte solcher Bauten studiert, tritt meist dasselbe Muster zutage – Leidenschaft gepaart mit Solidarität: Da gibt es Menschen, die etwas mit großer Unbedingtheit vorantreiben! Dieser Impuls ging vor allem von euch beiden aus, dem Architekten und dem aktuellen Betreiber des Konzerthauses. Wann und wie habt ihr euch kennengelernt?

Bauer: Ich habe schon um 2007 begonnen, hier in meiner Heimat wieder Konzerte zu veranstalten. Parallel habe ich angefangen, mich für alte Bauernhäuser zu interessieren, weil ich selbst in so ein Haus hineingeboren wurde. Ich recherchierte ein wenig und stieß schnell auf Peter Haimerl, der solche alten Gebäude aufspürt und vor dem Verfall rettet. Im Kreis Deggendorf, wo ich herkomme, gab es so ein Haus, das verkauft werden sollte – und Peter hatte dazu einen Entwurf gemacht.

Holfelder: Und du hast dann sofort Kontakt zu ihm aufgenommen?

Bauer: Ich habe beim Landesamt für Denkmalpflege nachgefragt – und die haben mir Peter empfohlen. Es hieß: Das ist mal ein Architekt, der geht ein bisschen anders an solche Sachen ran – und da ich ja auch Künstler sei, müssten wir uns eigentlich ganz gut verstehen, oder? So war es dann auch. Aber das Haus, das mich interessiert hat, wurde dann an jemand anderen verkauft.

Holfelder: Peter, kannst du dich noch an das erste Treffen mit Thomas erinnern?

Haimerl: Ja, ich glaube, das war beim Gstettenbauer ...

Holfelder: ... und der Gstettenbauer ist was?

Haimerl: Der Gstettenbauer ist ein Wirtshaus in Bernried. Die machen viele Veranstaltungen. Und der Thomas hat beim Gstettenbauer das Kulturwald-Festival veranstaltet. Wir haben uns dort ganz zwanglos getroffen.

Holfelder: Und wer von euch beiden hat dann Blaibach mit seiner verwaisten Dorfmitte entdeckt? Du, Peter, kommst aus Viechtach, das ist nur 15 Kilometer entfernt, – und Thomas, bei dir ist es von Deggendorf bis Blaibach eine knappe Stunde mit dem Auto ...

Haimerl: Naja, nach dem Gstettenbauer haben wir uns ein zweites Mal getroffen, diesmal schon konkreter. Ich habe damals zusammen mit dem Bayerischen Landesamt für Denkmalpflege das Hauspatenprojekt gestartet. Das Ziel ist bis heute, alte Bauernhäuser zu retten, mit den Möglichkeiten moderner Architektur. Es ging um Bauen im Bestand. Dafür habe ich Häuser und Partner gesucht. Damals dachte ich, das ist relativ leicht. Ich finde im Bayerischen Wald

A Matter of Passion and Solidarity

How music and architecture come together in Blaibach: Peter Haimerl and Thomas E. Bauer in conversation with Moritz Holfelder.

Viechtach-native Peter Haimerl has won Germany's most prestigious architectural awards for his design of the Konzerthaus (concert hall) in Blaibach. Thomas E. Bauer is a celebrated baritone singer and has performed around the globe, from Shanghai to New York, from Hamburg to Blaibach. In Blaibach, he is responsible for the concert hall's artistic programming and operation. Together, Haimerl and Bauer developed the idea of the concert hall and, after a long process, brought it to life. Konzerthaus Blaibach opened its doors on 12 September 2014. The following conversation with Moritz Holfelder took place in Blaibach – just behind the concert hall in the restored Waidlerhaus where Bauer lives.

Holfelder: The concert hall is an extraordinary project with civic participation in a region with a relatively weak infrastructure. It has received numerous awards, including the Nike Architecture Award from the Association of German Architects. If you study the genesis of similar buildings, a pattern emerges – they are the result of passion coupled with solidarity, where people have pushed for the project with unwavering conviction.
This same impulse came, above all, from the two of you, the architect and the current operator of the concert hall. When and how did you meet?

Bauer: I first started organizing concerts here, in the place I call home, around 2007. Around the same time, I developed an interest in old farmhouses, because I was born in such a house myself. I did some research and quickly came across Peter Haimerl, who tracks down old, traditional farmhouses and saves them from decay. In the district of Deggendorf, where I come from, there was such a house for sale – and Peter made a design for it.

Holfelder: And did you contact him immediately?

Bauer: I inquired at the Office of Historic Monuments, and they recommended Peter to me. They said that there was an architect who approaches things in his own way – and that since I'm also an artist, we would likely get along quite well. And we did. But the house that interested me was ultimately sold to someone else.

Holfelder: Peter, do you remember your first meeting with Thomas?

Haimerl: Yes, I think that was at the Gstettenbauer ...

Holfelder: And what is the Gstettenbauer?

Haimerl: The Gstettenbauer is a tavern in Bernried. They do a lot of events. Thomas had organized the Kulturwald Festival there. Our meeting there was very relaxed.

Holfelder: And which of you two discovered Blaibach, with its desolate village square? You, Peter, come from Viechtach, that's only 15 kilometres away – and Thomas, for you, it's about an hour by car from Deggendorf to Blaibach.

Haimerl: Well, after the Gstettenbauer we met again; that time our meeting was more focussed. I had just launched a building patronage project with the Bavarian Office of Historic Monuments. The project is ongoing; its goal is to save old farmhouses through the possibilities of modern architecture, by building in existing buildings. At the time, I was looking for farmhouses and partners, and thought it would be relatively easy. That I could quickly drum up a few people in the Bavarian Forest who were interested in their culture and would want to preserve a part of it. I immediately thought of Thomas. We then looked at the solitary Waidlerhaus at the Schedlberg (which

schnell ein paar Leute, die an ihrer Kultur interessiert sind und etwas davon bewahren wollen. An den Thomas dachte ich sofort. Wir haben uns dann den Schedlberg angeschaut, ein einsames Waidlerhaus, das ich inzwischen restauriert habe, und danach sind wir weiter gezogen nach Blaibach, wo auch ein mögliches Objekt stand.

Bauer: Genau, ich war ja nach wie vor daran interessiert, ein altes Haus zu kaufen. Und der Peter hat mir dann diesen Hof in der Ortsmitte von Blaibach gezeigt, wo wir jetzt sitzen. Der war in einem ruinösen Zustand, aber ich habe ihn dann erworben. Das war der Beginn der Liebe zu diesem Dorf.

Haimerl: Das war der Dreh- und Angelpunkt für alles. Die Blaibacher haben mit alten Postkarten von diesem Hof immer wieder für sich als Bayerwalddorf geworben. Auf der anderen Seite stand er aber leer und war kurz vor dem Abriss. Die Leute im Ort wollten ihn loswerden, er galt als Schandfleck. Und dann hat alles begonnen. Das ganze Projekt der Erneuerung der Dorfmitte. Das ist der Wahnsinn. Durch dieses alte Haus bin ich nach Blaibach gekommen, dann der Thomas. Durch dieses alte Haus habe ich Kontakt mit dem Bürgermeister aufgenommen, und durch dieses Gebäude ist dann die Idee für das Konzerthaus entstanden. So hat sich alles entwickelt.

Bauer: Also, wir saßen draußen auf der alten Bank vor dem Haus und blickten auf den großen Stadel gegenüber. Ein landwirtschaftliches Gebäude. Wir träumten. Und wenn man, wie ich, aus der Musik und der Kunst kommt, überlegt man sofort: Was kann man da drin veranstalten? Je mehr ich darüber nachdachte, umso mehr kamen mir Zweifel, weil die Ertüchtigung solcher Orte zu Eventschuppen letztendlich eine Marketingidee aus den Achtzigerjahren ist. Damals hat man gesagt, du musst raus aus den Konzerthallen – hinein zum Beispiel in pittoreske Stadel oder in leere Industriehallen und so weiter. Aber mir erschien diese Idee inzwischen ein bisschen ausgeleiert. Wir saßen also auf unserer Bank und überlegten: Wieso bauen wir nicht gleich einen modernen Kammermusiksaal? Damit würden wir ein Zeichen setzen. Die Idee des Stadelausbaus haben wir dann verworfen, und bald gab es erste Überlegungen, wie so ein neues Haus genau ausschauen könnte.

Haimerl: Die Frage ist, ob man vom regional Vorhandenen ausgeht und sagt, da gibt es diesen Stadel und der wird zu einer gewissen kulturellen Inspirationsquelle, – oder hat man einen gegensätzlichen Plan und fragt sich, wie kann man einen zusätzlichen kulturellen Impuls in einen Ort hineinbringen, ihn so aufladen, dass das dann als eine starke Aussage wahrgenommen wird. Wir hatten von Anfang an die Prämisse, ein Konzerthaus müsse so gut wie möglich sein, ohne Kompromisse. Sonst ist es einfach nur zweitklassig und hat kein Niveau.

Holfelder: In der Geschichte der Musik und der Architektur gibt es eine enge Verbindung zwischen beiden Disziplinen. Viele Architekten haben eine große Nähe zur Musik und sprechen davon, sie würden Räume komponieren. Peter, wie musikalisch denkst du also als Architekt, – und Thomas, wie architektonisch denkst du als Musiker?

Haimerl: Also, ich glaube, bei uns war das erstmal ein ganz großer Vorteil, dass wir uns gegenseitig in unseren Fachgebieten vertrauen konnten. Abgesehen davon gibt es tatsächlich wahnsinnige Parallelen zwischen Architektur und Musik. Ich persönlich habe die erst jetzt kennengelernt, weil ich, das muss ich zugeben, wirklich sehr unmusikalisch bin. Aber die prinzipielle Nähe ist ohne Zweifel da, ganz grundsätzlich, was die Gestaltung von Raum betrifft, des Klangraumes und des architektonischen Ortes. Und das setzt sich dann fort in Bezug auf die kompositorische Konsequenz und das Wechselspiel von Emotionalität und Struktur. Im Konzertsaal kulminiert das, hier bedingen

I have since restored), and then we moved on to Blaibach, where there was another building with potential.

Bauer: Exactly, I was still interested in purchasing an old farmhouse. Then Peter showed me this farmhouse in the centre of Blaibach – where we are sitting right now. It was in a ruinous state, but I bought it anyway. That was the start of my love affair with this village.

Haimerl: That was the linchpin for everything. Old postcards of the farmhouse had long been used to promote Blaibach as a Bavarian Forest destination. But the reality was that it stood empty and was about to be demolished. The villagers wanted to get rid of it because it was an eyesore. And then it all began. The project of reviving the village square. It was insane. Because of this old house, I came to Blaibach, and then Thomas did as well. Because of this old house I contacted the mayor, and this led to the idea of the concert hall. One thing led to the other.

Bauer: So we sat outside the house on the old bench, and saw the big barn opposite it. We brainstormed. When you have a music and art background, like myself, you immediately think: What kinds of things can you do in a place like this? The more I thought about it, the more doubts I had, because transforming such places into event locations is a marketing ploy from the eighties. Back then, people wanted to get out of the concert halls and into picturesque barns or empty industrial warehouses. But this idea now seemed a bit antiquated. So we sat on our bench and thought: Why don't we build a modern chamber music hall? It would certainly send a clear signal. So we threw out the idea of renovating the barn and started to think about what a new concert hall could look like.

Haimerl: The question was, do you start from the given vernacular and draw on the barn for inspiration – or do you do the opposite, and ask how a new structure might bring new cultural impulses, how it might make a powerful statement with its design? Right from the start, we knew that the concert hall would have to be as good as possible, without compromises. Otherwise it would merely be second-rate, mediocre.

Holfelder: In the history of music and architecture, there is a close connection between the two disciplines. Many architects have had a close affinity to music, and spoken of "composing" the space. Peter, how musically do you think as an architect – and Thomas, how architecturally do you think as a musician?

Haimerl: I think it was a big advantage that we could trust each other in our fields of expertise. Apart from that, there are indeed astonishing parallels between architecture and music. Though I only recently got to know them; I have to admit that I am really very unmusical. But the similarities are there, no doubt. They exist at a very basic level, with the design of the space and the parallels between a "sound space" and an architectural site, but also in terms of compositional consistency and the interplay of emotion and structure. This culminates in the concert hall, where music and architecture directly shape one another, coming together acoustically and visually. For the experience of music, the design and optics of a place also play an essential role.

Bauer: I grew up with music. As a child, I sang in the Domspatzen boys' choir in Regensburg, where our main focus was classical vocal polyphony – the music of the Renaissance. It is strongly influenced by architectural structures and building plans. There are pieces of music from that period that are based on the proportions of buildings, such as the motet "Nuper rosarum flores" by Guillaume Dufay, which he composed in 1436 for the consecration of the Florence Cathedral.

Holfelder: Have you always been interested in architecture?

sich Musik und Architektur direkt, finden zusammen, akustisch und auch im Sinne einer Visualität. Denn für das Erlebnis von Musik spielt auch die Gestalt eines Ortes, die Optik, eine wesentliche Rolle.

Bauer: Ich bin mit Musik aufgewachsen. Ich war als Kind bei den Domspatzen in Regensburg – und unser Schwerpunkt dort war alt-klassische Vokalpolyphonie, also die Musik der Renaissance. Die ist stark von strukturellen, architektonischen Bauplänen geprägt. Es gibt aus dieser Zeit Musikstücke, die den Proportionen von Gebäuden nachempfunden sind, zum Beispiel die Motette „Nuper rosarum flores" von Guillaume Dufay, die er 1436 zur Weihe des Doms von Florenz komponierte.

Holfelder: Also war das Interesse für Architektur immer schon vorhanden?

Bauer: Als Musiker erlebt man ja viel Architektur, weil man in sehr vielen unterschiedlichen Konzerthäusern auftritt, in großen und kleinen, in alten und modernen, in hässlichen und außergewöhnlichen. Ich habe zum Beispiel bei der Eröffnung der Elbphilharmonie gesungen. Man bekommt ein Gespür dafür, welcher Raum gut funktioniert und welcher nicht. Für uns war von Anfang an die wichtigste Frage: Was brauchst du als Musiker architektonisch, um optimale Aufführungsbedingungen zu haben? Schnell waren wir uns sicher – wir brauchen einen Saal als Schuhschachtel. Das ist ja eine Grundidee des 19. Jahrhunderts, sozusagen ein Erfahrungswert. Ein rechteckiger Raum klingt am besten. Das haben wir dann zeitgemäß interpretiert.

Haimerl: Dank der Erfahrung von Thomas konnten wir ganz pragmatisch vorgehen. Man kann solche Sachen ja auch komplizierter machen, als sie eigentlich sind.

Holfelder: In den letzten Jahren sind viele neue Konzertsäle gebaut worden, und es gibt Pläne für einige, die noch entstehen sollen, etwa in München. Oft ist man von diesem Prinzip der klassischen Schuhschachtel weggegangen. Das zurzeit erfolgreichste Beispiel dafür ist die Elbphilharmonie in Hamburg. Da ist der Raum rund und orientiert sich in seiner Form am Bild steil aufsteigender Weinberge. Die Zuhörer sitzen auf allen Seiten der Musiker, seitlich und vor und hinter ihnen. Warum habt ihr euch so konsequent für die klassische Form des 19. Jahrhunderts entschieden?

Haimerl: Dafür gab es eine Reihe von Gründen. Natürlich ging es auch um die Kosten. Eine Schuhschachtel ist auf jeden Fall wesentlich günstiger und auch baulich leichter beherrschbar als ein Weinberg. Der zweite Grund: Weinbergarchitekturen sind akustisch schwer in den Griff zu bekommen. Das ist ein Risiko, da braucht man auch Glück und vor allem viel Zeit. Man weiß einfach, dass die besten Konzerthäuser, ob das jetzt die aus dem letzten Jahrhundert sind oder die neuen wie etwa in Luzern, als Schuhschachteln entworfen wurden. Unser Ziel war also schnell klar: Einen tollen, gut klingenden Raum zu bauen mit geringen finanziellen Mitteln. Die ideale Kombination von Architektur und Akustik. Abgesehen davon sind wir hier nicht in Florenz oder so, sondern in Blaibach – und da sind die Häuser eben nicht komplex oder kompliziert. Es sollte einfach sein, schlicht und trotzdem aufregend.

Holfelder: Die Akustik und die besondere Atmosphäre in Blaibach werden von vielen Musikern, die hier singen oder spielen, immer wieder euphorisch beschrieben. Ist euer Konzertsaal tatsächlich so herausragend?

Bauer: Der Klarinettist Giora Feidman hat hier gespielt (im Februar 2019) und gemeint, er hätte in seiner über sechzigjährigen Karriere in keinem anderen Saal so leise spielen können wie hier, eben weil die Akustik so gut ist. Er hat manchmal nur in die Klarinette geatmet, gar nicht geblasen. Dazu kommt ein psychologischer Effekt durch die

Bauer: Yes; as a musician, you experience a lot of architecture, because you perform in many different concert halls, large and small, old and modern, ugly and unusual. I sang, for instance, at the opening of the Elbphilharmonie. You get a sense of which spaces work well and which don't. So the most important question for us from the very beginning was: What does a musician need architecturally to ensure optimal performance conditions? We knew fairly quickly that we needed a shoebox-style hall. This design format dates back to the 19th century, so we were building on experience, so to speak. A rectangular room sounds best. We then interpreted this in a contemporary way.

Haimerl: Thanks to Thomas's experience, we were able to proceed quite pragmatically. It's possible to make things more complicated than they actually are.

Holfelder: There have been several new concert halls built in recent years, and more are being planned, for example in Munich. The classic shoebox has often been disregarded in this context. The most successful example of this is currently the Elbphilharmonie in Hamburg. The concert hall is circular, with a steep, vineyard-style seating arrangement, with the musicians in the centre surrounded on all sides by the audience. What made you opt for the more traditional, 19th-century hall format?

Haimerl: There were several reasons. The cost naturally played a role. A shoebox is much cheaper and easier to build than a vineyard-style concert hall. The second reason: vineyard architectures are difficult to control in terms of acoustics. That makes it a risk, and you need luck and especially a lot of time to ensure its success. It's common knowledge that the best concert halls have been designed in the shoebox style – it doesn't matter if they are from the last century or if they are new ones like the one in Lucerne. Our aim was quickly clear: to build a great, good sounding space with little financial resources. To create the ideal combination of architecture and acoustics. Apart from that, we are not in Florence, but in Blaibach, where buildings are neither complex nor complicated. We wanted the concert hall to be plain and simple, yet exciting.

Holfelder: Both the acoustics and the special atmosphere in Blaibach have been praised time and again by musicians who have had vocal or instrumental performances here. Is your concert hall really that outstanding?

Bauer: The clarinettist Giora Feidman played here (in February 2019) and said that never – in his career of more than 60 years – had he been able to play so quietly, because the acoustics here are so good. Sometimes all he did was breathe into the clarinet, not blowing at all. Furthermore, there is a psychological effect caused by the spatial proximity of the audience to the musicians, without feeling cramped. I actually think this combination is quite unique – this special atmosphere of intensity and intimacy. You can already feel it upon first entering the building, as you walk down the stairs to the foyer. It's like diving down from the small village into another world. That does something in people's minds and surely with their ears as well. And that's on top of the wow effect that everyone experiences upon entering the hall itself.

Holfelder: Another reason for the great acoustics is the open-pored glass concrete used to cast the layered folds on the interior walls. It doesn't seem at all cold, neither visually nor acoustically.

Haimerl: Yes, I was familiar with the material in terms of architecture, but we had no idea about its effect on acoustics until this project. So we decided to follow the acoustician's recommendations exactly, but we were still able to approach them

räumliche Nähe des Publikums zu den Musikern, ohne dass man sich gegenseitig erdrücken würde. Ich glaube tatsächlich, diese Kombination ist ziemlich einzigartig, diese besondere Atmosphäre von Intensität und Abgeschlossenheit. Wenn man von draußen die Treppe zum Foyer hinuntergeht, spürt man das schon, da entsteht dieses Gefühl, aus einem kleinen Dorf in eine andere Welt hinabzutauchen. Das macht etwas in den Köpfen und sicher auch mit den Ohren. Abgesehen von dem Wow-Effekt, den jeder erlebt, der den Saal betritt.

Holfelder: Akustisch entscheidend ist sicher auch der offenporige Glasbeton, aus dem die Faltungen im Inneren des Saals gegossen sind. Der wirkt nicht kalt, weder optisch noch akustisch.

Haimerl: Ja, mit dem Material kannte ich mich aus, was die Architektur betrifft, aber von Akustik hatten wir bis dahin keine Ahnung. Also haben wir entschieden, wir folgen zu hundert Prozent dem Akustiker, konnten mit dessen Vorgaben aber spielen. Etwa bei den Faltungen an den Wänden und an der Decke. Die Faltungen hat er uns empfohlen, wir nahmen uns aber die Freiheit, sie zu variieren und zu interpretieren, sie in unser architektonisches Konzept einzupassen. Das alles musste formal eine innere Logik entwickeln. Die gestalterische Frage ist nach der Beratung durch den Akustiker ja immer noch offen, also: Verlaufen die Faltungen nun horizontal, vertikal oder wild durcheinander? Gehorchen sie einer Regel oder eben nicht? Ich habe in Blaibach gelernt: Die ganze Geschichte mit der Akustik ist keineswegs so bis auf den Millimeter vordefiniert, wie das teilweise behauptet wird. Die Vorstellung, dass du alle Daten in einen Computer eingibst, der rechnet dann, und es kann nur eine einzige Lösung dabei herauskommen, ist Unsinn. Es geht mehr um ein Grundprinzip. Natürlich haben wir Absorber in die Wände und in den Boden eingebaut, um den Mitteltönen und den Bässen ihre Wucht zu nehmen, das ist wichtig, aber man besitzt trotz der akustischen Vorgaben immer noch viel Gestaltungsraum.

Holfelder: Dieses dialektische Prinzip zwischen Autonomie und Regelhaftigkeit klingt spannend ... Du hast die akustischen Vorgaben und deine architektonischen Absichten in einer strengen, einfachen Form zusammengebracht.

Haimerl: Ja, es ist interessant, dass der Thomas vorhin von der vokalen Polyphonie gesprochen hat. Da gibt es ja wirklich Entsprechungen in der Architektur. Mein liebster Baustil ist die Gotik, eben weil dort die innere Logik eine große Rolle spielt. Da gibt es die Zirkelmaße, die in einem Bau mehrfach angewendet werden, es gibt viele Wiederholungen im Großen und im Kleinen. Dadurch kann etwas Sakrales entstehen, – und ich bin überzeugt, dass so ein Konzertsaal genau so etwas besitzen muss. Man muss eine Art von heiliger Stimmung erzeugen, damit man klassische Musik optimal aufnehmen kann. Das glaube ich. Der Saal in Blaibach lebt also von Wiederholungen, von kleinen Abwandlungen und auch von der durchgängigen Materialität, die dann wieder von Zufälligkeiten überlagert wird.

Bauer: Was man noch sagen muss: Akustisch ist in einem Saal nicht nur wichtig, was die Zuhörer mitkriegen, sondern entscheidend ist auch, dass sich die Musiker eines Orchesters auf der Bühne gegenseitig gut hören können. Wenn der Kontrabassist die Harfenistin nicht mitbekommt, dann können die nicht wirklich zusammenspielen. Wenn das aber klappt, gibt es den Musikern ein Gefühl von Zusammengehörigkeit. Und das ist in Blaibach besonders ausgeprägt, zumindest sagen die Musiker immer wieder: Mensch, wir hören uns so gut in diesem Saal, das macht richtig Spaß. Dieser Spaß vermittelt sich dann auch an die Zuhörer.

Holfelder: Thomas und Peter, blickt ihr manchmal zurück und staunt über euch selbst, was

creatively. For example, with the layered folds on the walls and ceiling. He recommended the folds, but we took the liberty of varying and interpreting them to fit our architectural concept. Formally, it all had to develop an inner logic. After the consultation on acoustics, there were still creative questions that needed to be addressed: Should the folds run horizontally, vertically or every which way? Should they follow a strict pattern, or not? In Blaibach, I learned that acoustics in architecture is by no means as strictly defined as is sometimes claimed. The idea that you can enter all your data into a computer which will then calculate a single solution is nonsense. It's more about the basic principle. Of course, we've built absorbers into the walls and floor to absorb the mid tones and bass frequencies, that's important, but despite the acoustic requirements there is plenty of leeway for design.

Holfelder: This dialectical principle between creative autonomy and adhering to regulations is fascinating ... You have brought together the acoustic specifications and your architectural intentions in a simple, clear form.

Haimerl: Yes, it's interesting that Thomas spoke earlier about vocal polyphony. There really are parallels in architecture. My favourite architectural style is Gothic, precisely because it involves an inner logic. Circular forms are frequently used throughout such buildings, in all sizes large and small. This can result in something sacred – and I am convinced that a concert hall must also have something like this. You have to create a kind of sacred mood in order to listen to classical music optimally, of that I'm certain. The hall in Blaibach lives from repetitions, from small variations, and also from its consistent materiality, which is, in turn, layered with coincidence.

Bauer: In terms of acoustics, it's also important to note that not only what the listeners notice matters; it is also critical that musicians in an orchestra can hear each other well on stage. If the double bass player can't hear the harpist, then they can't really play together. But if it works, it gives the musicians a feeling of coherence. And this is especially pronounced in Blaibach, at least that's what the musicians keep telling us: "We hear each other so well in this hall, it's really fun!" This sense of fun is then conveyed to the audience.

Holfelder: Thomas and Peter, do you sometimes look back and marvel at the courage and strength you brought to this project, in order to realize your vision of a concert hall in a village of 2,000 inhabitants?

Haimerl: No, it never felt like courage to me – for both of us, it was clear that the project had to succeed. Of course, it was always going to be a long journey, with plenty of challenges. What surprises me, however, is the incredible impact that concert hall has made, even nationwide. Blaibach now serves as a model for many who are planning something similar. Of course, it's also because of the musical programme that Thomas does, and that in an area where there are few "high-culture" offerings. On the one hand, it's quite an ambitious endeavour, but on the other hand, everything is a bit more casual, a bit less less stuffy than in Munich or Hamburg. We are not stuck in a bourgeois corset; this is not a highbrow place – and that is what makes it special.

Bauer: We both come from the Bavarian Forest – sometimes I think of what it looked like here over 40 years ago. It was completely different. There was no employment. My father lost his job. The unemployment rate was at 40 percent, nearly everywhere. Now we have one of the lowest unemployment rates in Bavaria. The district of Cham is a good example: some of the companies that have settled here are considered to be world market leaders – one speaks of "hidden champions". New universities have been founded. Electromobility is an important

für einen Mut und was für eine Kraft ihr aufgebracht habt, um die Vision eines Konzerthauses in einem 2000-Seelen-Dorf zu verwirklichen?

Haimerl: Nein, ich habe das nie als Mut empfunden – uns beiden war klar, dass das funktionieren muss. Sicher, es war ein langer Weg mit vielen Steinen, die man überwinden musste. Was mich aber schon überrascht, das ist die große Wirkung des Konzerthauses und zwar auch überregional. Blaibach gilt inzwischen vielen, die etwas Vergleichbares planen, als Vorbild. Natürlich auch wegen des musikalischen Programms, das der Thomas macht, und das in einer Gegend, in der sonst kaum Hochkultur stattfindet. Das ist auf der einen Seite sehr ambitioniert, auf der anderen Seite aber alles ein bisschen lässiger, ein bisschen schnoddriger als in München oder Hamburg. Wir sind hier nicht in einem Bildungsbürger-Korsett, wir sind keine hehre Welt, und das macht eben auch die Besonderheit aus.

Bauer: Wir kommen ja beide aus dem Bayerischen Wald – manchmal denke ich daran, wie es hier vor über vierzig Jahren noch aussah. Da war es völlig anders. Keine Beschäftigung. Mein Vater war arbeitslos. Die Arbeitslosigkeit lag bei vierzig Prozent, nahezu in allen Regionen. Jetzt haben wir hier eine der niedrigsten Arbeitslosenquoten in ganz Bayern. Der Landkreis Cham ist ein gutes Beispiel dafür. Da sind Firmen ansässig geworden, die in manchen Bereichen als Weltmarktführer gelten, man spricht von Hidden Champions. Universitäten werden gegründet. Elektromobilität ist ein wichtiges Thema. Also, da passt so ein modernes Konzerthaus wunderbar dazu. Das ist hier genau richtig am Platz. Sozusagen die logische Konsequenz aus der Entwicklung der Region. Provinz und Innovation schließen sich nicht aus. Überhaupt nicht. Das Konzerthaus ist spektakulär, aber der Geist, der in ihm steckt, ist nicht fremdbestimmt oder kommt von außen. Es ist einfach ein besonders weit sichtbares Zeichen dafür, was sich im Bayerischen Wald in allen Bereichen der Gesellschaft bereits vollzogen hat.

topic. So a modern concert hall fits in wonderfully. It's the perfect location. Essentially, it can be seen as the logical consequence of the development in the region. Countryside and innovation are not at all mutually exclusive. The concert hall is spectacular, but its spirit is not determined by what comes in from elsewhere. Simply put, it is a particularly visible sign of what has already taken place in the Bavarian Forest in all areas of society, and beyond.

WAIDLERHAUS

49° 9‘ 57.333
12° 48‘ 28.264

1581
Nord-Süd gerichtetes Satteldach
Zweiflügelige Fenster
Granit, Holz, Lehm, Glas, Kalkputz
Gred mit Gredbankerl
Flez
Stube mit Ofen, Tisch und Eckbank
Zwei Kammern
Gewölbekeller
Stall aus Feldsteinmauerwerk

WAIDLERHAUS

49° 9' 57.333
12° 48' 28.264

1581
Gable roof running north-south
Double-leaf windows
Granite, wood, clay, glass, lime plaster
Paved area with bench
Entrance hall
Main living area with oven, table and corner bench
Two bedrooms
Vaulted cellar
Stone stable

BÜRGERHAUS

49° 9‘ 57.740
12° 48‘ 29.471

1904
Ehemaliges Bauernhaus
Einfirsthof
Gred
Neue Flez aus alten Granitplatten
Gewölbekeller aus Granit
Wände aus Lehmziegeln
Mantel aus Glasschaumschotterbeton
Büroräume
Gemeindesaal

COMMUNITY CENTRE

49° 9’ 57.740
12° 48’ 29.471

1904
Former farmhouse
Single-ridge roof
Paved area in front of house
New entrance hall from old granite slabs
Granite vaulted cellar
Mud brick walls
Shell of granulated foam glass concrete
Offices
Council hall

Den Wandel begleiten

Edward Beierle und Jutta Görlich erforschen mit ihren Fotos Lebensräume.
Für ihre Aufnahmen suchen sie Orte auf, die sich verändern.
Nach Blaibach kamen beierle.goerlich vor, während und nach dem Wandel.

Mit der Figur der schwarz gekleideten Frau untersuchen sie verlassene Orte.
Sie erkunden das geschlossene Freibad und die Bäckerei kurz vor ihrem Abriss.
Überall finden sie zurückgelassene Dinge.
Die schwarze Frau erweckt diese Fundstücke zum Leben.
Aus der alten Kuchenauslage wird ein Schneewittchensarg.
Eine Schokoladenschüssel wird zum Helm, ein Brotregal zum Versteck.

Die Fotoserie von beierle.goerlich wurde im öffentlichen Raum in Blaibach plakatiert,
auf großen Tafeln an Hauswänden, Scheunen und Garagentoren.
Beim Rundgang durch ihr Dorf erlebten die Blaibacher den Wandel ihrer Gemeinde.
Sie kamen zahlreich.
Die Fotos hängen immer noch.

Accompanying the transformation

Edward Beierle and Jutta Görlich investigate living spaces with their photos.
For their photographs, they seek out places that are undergoing change.
Beierle.goerlich came to Blaibach before, during and after the transformation.

Through the figure of the woman dressed in black they explored abandoned places.
They visited the closed outdoor swimming pool and the bakery shortly before its demolition.
Everywhere they went, they found things that had been left behind.
The woman in black brings these finds to life.
An old cake display becomes a coffin for Snow White.
A chocolate bowl becomes a helmet; a bread shelf becomes a hiding place.

The images by beierle.goerlich were shown as posters hung in public spaces around Blaibach.
On large billboards, house walls, barns and garage doors.
By touring their village, Blaibachers could experience the transformation of their community.
They came in great numbers.
The photos are still hanging.

Peter Haimerl

*1961 in Eben,
Bayerischer Wald / Bavarian Forest, Germany
Architekt / Architect

Zoomtown / Research platform for urban transportation design
Mimesis Atelier
Cocobello
Castle of Air
Das schwarze Haus / Black House
Salvatorgarage
Birg mich, Cilli! / Harbour Me, Celia!
Konzerthaus Blaibach / Blaibach concert hall
Schusterbauernhaus / Shoemaker's Farmhouse
Waidlerhaus Blaibach
Haus am Schedlberg / House at Schedlberg

Thomas E. Bauer

*1970 in Metten, Bayerischer Wald / Bavarian Forest, Germany
Konzertsänger und Impresario / Concert singer and impresario

Musikgymnasium Regensburger Domspatzen
Hochschule für Musik und Theater München
Auftritte / Performances: Boston Symphony Hall, Berlin Philharmonie, Elbphilharmonie Hamburg, Philharmonie de Paris, Singapore Esplanade, Suntory Hall Tokyo, Shanghai Oriental Center, Musikverein Wien, Sala São Paulo, La Scala Milano, Royal Albert Hall London

Musikalische Partner / Musical collaborators: Nikolaus Harnoncourt, Herbert Blomstedt, Sir Roger Norrington, Riccardo Chailly, Bernard Haitink, John Eliot Gardiner, Zubin Mehta

Auszeichungen / Awards: Stanley Sadie Prize London, Orphée d'Or Paris, Aoyama Award Kyoto, Schneider-Schott Musikpreis, Echo Klassik, Ernst von Siemens Musikstiftung

Intendant / Artistic Director Konzerthaus Blaibach
Gründer / Founder Kulturwald Festival – Festspiele Bayerischer Wald

beierle.goerlich

Inszenierte Architekturfotografie / Staged architectural photography

Edward Beierle
*1968 in München / Munich
Fotograf und Künstler / Photographer and artist

Jutta Görlich
*1971 in Straubing
Künstlerin und Kunstpädagogin / Artist and art educator

Birg mich, Cilli! / Harbour Me, Celia!
Erinnere Dich in die Zukunft, Fred! / Remember Yourself into the Future, Fred!
Ach, bleib! / Stay With Us!
Verweile doch! / Please Linger!
Ach, ich! / Alas, I!
Pasing by
Umborde mich! / Wrap Around Me!
Derzbachhof

Sandra Hofmeister

*1970 in München / Munich
Autorin, Chefredakteurin Detail / Author, Editor-in-Chief of Detail

Mein liebster Stuhl / My Favourite Chair
Fullhouse. Stefan Diez Office
Holzbauten in Vorarlberg / Timber Structures in Vorarlberg
Bewohnte Natur. Architektur, Topografie, Landschaft /
Living with Nature. Architecture, Topography, Landscape
Wohnungsbau. Kostengünstige Modelle für die Zukunft /
Affordable Housing. Cost-effective Models for the Future
Mein Bauhaus. 100 Architekten zum 100. Geburstag eines Mythos /
My Bauhaus. 100 Architects on the 100th Anniversary of a Myth
Schedlberg. Peter Haimerl, beierle.goerlich

Moritz Holfelder

*1958 in Aschaffenburg
Autor, Architektur- und Filmkritiker, Radio-Journalist, Moderator /
Author, architecture and film critic, radio journalist and moderator

Das Buch vom Motorrad / A Cultural History of the Motorcycle
Kleine Philosophie der Passionen / A Small Philosophy of Passions
Fremdgehen. Eine Berliner Mauer Geschichte / Playing Around. A Story of the Berlin Wall
Palast der Republik. Aufstieg und Fall eines symbolischen Gebäudes /
Palace of the Republic. The Rise and Fall of a Symbolic Building
Werner Herzog: Die Biografie / Werner Herzog: The Biography
Wie früher die Flüsse / As the Rivers Once Were
Fotoausstellung vagues.wellen.waves / Photo exhibition vagues.wellen.waves

GLOSSAR

Flez – Eingangsflur in Bauernhäusern

Glasschaumschotter – anorganischer, mineralischer Dämmstoff aus aufgeschäumtem Silikat-Glas

Granit – besonders harter Naturstein, der seit vielen Jahrhunderten im Bayerischen Wald abgebaut wird. Granit ist farbig unterschiedlich, je nach seinen Anteilen an Quarz und Feldspat, aber auch an dunklen Mineralen und Glimmer.

Gred – gepflasterter, leicht erhöhter Bereich vor dem Haupteingang eines Bauernhauses

Kammer – einfaches Schlafzimmer in einem Bauernhaus

Kleingütler – Kleinbauern, die nicht von ihrer kleinen Landwirtschaft leben können und deshalb auf zusätzliche Arbeit und Lohn angewiesen sind.

Leichtbeton – Beton, der sich durch die Beimischung von Gesteinskörnungen durch seine hohe Porosität und geringe Dichte auszeichnet. Die charakteristischen feinen Luftporen sind Ursache für die wärmetechnischen und akustischen Eigenschaften von Leichtbeton.

Steinhauer – Arbeiter, die im Steinbruch beschäftigt sind. Sie lösen den Naturstein aus den Felsen und richten ihn grob zu für die Weiterverarbeitung. Heute gilt der Beruf des Steinhauers in Europa als ausgestorben.

Waidlerhaus – typisches Waldlerhaus im Bayerischen Wald. Die Bewohner der Region heißen Waidler.

GLOSSARY

Flez – Bavarian term for the entrance hall of a farmhouse.

Foam glass ballast – Inorganic, mineral insulation made of foamed silicate glass.

Granite – A particularly hard, natural stone that has been mined in the Bavarian Forest for centuries. Its colour depends on the proportion of quartz, feldspars, dark minerals and mica in its composition.

Gred – Bavarian term for a paved, slightly elevated area in front of the house entrance.

Kammer – A simple bedroom in a farmhouse.

Kleingütler – Lit. "smallholders", referring to subsistence or peasant farmers with a small farm or smallholding, where they grow only enough for themselves and are dependent on additional work and wages.

Lightweight concrete – Concrete made with aggregates with high porosity and low density. Its characteristic fine air voids give lightweight concrete its thermal and acoustic properties.

Quarryman – Stonemasonry includes quarrymen extract natural stone from cliffs and roughly shape it for further processing. Today the quarryman profession has all but died out in Europe.

Waidlerhaus – A traditional farmhouse of the Bavarian Forest, variation of Waldlerhaus (lit. "forest house"). The farmers living in the region are called "Waidler", meaning those who live in the forest.

KONZERTHAUS

Nutzfläche / Usable Area: 504 m^2
Fertigstellung / Completion: 09/2014
konzert-haus.de

Bauherr / Client: Gemeinde Blaibach
Architektur / Architecture: Peter Haimerl, Jutta Görlich, Ulrich Pape, Tomo Ichikawa, Karl Landgraf, Felicia Michael, Martin Kloos
Initiatoren und Betreiber / Initiative and operator: Thomas E. Bauer, Uta Hielscher, Kulturwald – Festspiele Bayerischer Wald, kulturwald.de
Bauleitung / Construction management: Karl Landgraf, Peter Haimerl
Tragwerksplanung / Structural engineering: Thomas Beck, a.k.a. Ingenieure, München / Munich
Elektroplanung / Electrical planning: Planungsbüro Stefan Schmid, Blaibach
Heizung-Lüftung-Sanitär-Planung / Heating, ventilation, plumbing: Cirtec Michael Hopf, Landshut
Akustikplanung / Acoustic planning: Müller-BBM, München-Planegg / Munich-Planegg
Baumeister / Master builder: Alt Franz Bau GmbH, Pemfling, Breu Bauunternehmen, Bad Kötzting
Beton und Betonschalung Fassade / Concrete and concrete formwork facade: Fleischmann & Zankl, Viechtach
Betonschalung Innenraum / Concrete formwork interiors: Gföllner, Fahrzeugbau und Containertechnik, AT-St. Georgen bei/near Grieskirchen
Betonarbeit / Concrete work: Kolbeck Bau, Furth im Wald
Metallbau Tribüne / Metalwork (stage) Metallbau Gruber, Weiding-Pinzing
Elektro / Electrical engineering: Kappenberger + Braun, Cham
Haustechnik / Building services: Kasberger Haustechnik, Waldkichen, Haustechnik Nazet, Blaibach
Maler / Painting: Zollner Maler, Miltach
Tiefbau Außenanlagen / Civil engineering (outdoor installations): Althammer, Pempfling
Brunnen / Fountain: Kusser Graniswerke, Aicha vorm Wald
Faserzementverkleidungen / Fibre cement cladding: Eternit
Akustiksysteme / Acoustic systems: Akustik & Raum, CH-Olten
Isolierung / Insulation: DI Dach- und Isolierbau, Regensburg
Dachaufbau / Roof construction: Spannagl Bau, Arnbruck
Sanitärkeramik / Sanitary ceramics: Duravit
Sanitär / Plumbing: Hewi
Armaturen / Faucets: Dornbracht

BÜRGERHAUS

Nutzfläche / Usable area: 358 m^2
Fertigstellung / Completion: 06/2013

Bauherr / Client: Gemeinde Blaibach
Team Peter Haimerl: Peter Haimerl, Jutta Görlich, Ulrich Pape, Tomohide Ichikawa, Zana Basle, Martin Kloos
Bauleitung / Construction management: Architekturbüro Haslsteiner / von Massow, Bad Kötzting
Tragwerksplanung / Structural engineering: Thomas Beck, a.k.a. Ingenieure, München / Munich
Elektroplanung / Electrical planning: Planungsbüro Stefan Schmid, Blaibach
Heizung-Lüftung-Sanitär / Heating, ventilation, plumbing: bhp-Ingenieurbüro Jürgen Bummer, Bad Kötzting
Baumeister / Master builder: Freimuth Bau, Bodenmais
Haustechnik / Building services: Haustechnik Nazet, Blaibach
Elektroplanung / Electrical planning: Simon Gebäude-Elektro-Technik, Pemfling
Schreiner / Carpenter: Engelbert Ellmann Bau- und Möbelschreinerei, Blaibach + Schreinerei Baier, Roding
Spengler / Plumbing: Spenglerei Klingseisen, Lam
Zimmerer / Carpenter: Aumer, Weiding + Zimmerei Rabenbauer, Blaibach
Holzbodenboden / Wood flooring: Penzkofer Holzbau, Eschlkam
Natursteinboden / Stone flooring: Deser Natursteinwerk, Konzell
Putz / Rendering: Lorenz Bau, Miltach
Metallbau / Metalwork: Ludwig Kappenberger Metallbau, Miltach + Aschenbrenner Stahlbau, Kötzting
Maler / Painter: Zollner Maler, Miltach
Betonretusche / Concrete retouching: Sellmaier, Freising
Aufzug / Elevator: Biller Aufzgsdienst Rottal, Malching

WAIDLERHAUS

Nutzfläche / Usable area: 120 m^2
Fertigstellung / Completion: 04/2016

Bauherr / Client: Thomas E. Bauer
Architekt / Architecture: Peter Haimerl, Jutta Görlich, Ulrich Pape, Tomo Ichikawa
Bauleitung / Construction management: Karl Landgraf
Baumeister / Master builder: Breu Bauunternehmen, Bad Kötzting
Boden / Floor: Zollner Fußboden, Miltach
Schreiner / Carpenter: Engelbert Ellmann Bau- und Möbelschreinerei, Blaibach
Haustechnik / Building services: Haustechnik Nazet, Blaibach
Fußboden / Floor: Schreinerei Johann Zankl, Miltach
Zimmerei, Dachdecker / Carpenter, roofer: Zimmerei Mühlbauer, Bad Kötzting
Spengler / Plumbing: Klingseisen Haustechnik, Blaibach
Maler- und Putz / Painting and rendering: Otto Fuchs
Elektroplanung / Electrical planning: Hofmann Elektrotechnik, Arnschwang
Statik: Büro Bergmann, Pfaffenhofen a. d. Ilm

Bildnachweis / Picture credits
Ach bleib ! / Stay With Us!:
beierle.goerlich,
Porträt / Portrait of Moritz Holfelder:
Moritz Holfelder
Porträt / Portrait of beierle.goerlich:
Fanny Haimerl
Alle anderen Fotos / All other photos:
Edward Beierle

Impressum / Imprint
Herausgeberin / Editor
Sandra Hofmeister

Texte / Texts
Jutta Görlich, Sandra Hofmeister,
Moritz Holfelder

Projektleitung / Project management
Sandra Hofmeister

Lektorat / Copyediting DE
Katrin Pollems-Braunfels

Lektorat / Copyediting EN
Alisa Kotmair

Übersetzung ins Englische / English translation
Alisa Kotmair

Gestaltung / Design
Edward Beierle

Zeichnungen / Drawings
Peter Haimerl, Detail (Barbara Kissinger)

Reproduktion / Reproduction
ludwig:media, Zell am See (AT)

Druck und Bindung / Printing and binding
Kösel GmbH & Co. KG, Altusried-Krugzell (DE)

Papier / Paper
Innenteil / Inside pages:
170 g/qm Gardamatt Art
Überzug / Cover:
115 g/qm Surbalin 6146

Die für dieses Buch verwendeten FSC-zertifizierten Papiere werden aus Fasern hergestellt, die nachweislich aus umwelt- und sozialverträglicher Herkunft stammen.

The FSC-certified paper used for this book is manufactured from fibres originating from environmentally and socially responsible sources.

DETAIL – Detail Business Information GmbH, München / Munich
detail.de
detail-online.com
ISBN 978-3-95553-474-5 (Print)
ISBN 978-3-95553-475-2 (E-Book)

 Bibliografische Information der Deutschen Nationalbibliothek: Die Deutsche Nationalbibliothek verzeichnet diese Publikation in der Deutschen Nationalbibliografie; detaillierte bibliografische Daten sind im Internet über dnb.d-nb.de abrufbar.

 Bibliographical information published by the German National Library: the German National Library lists this publication in the Deutsche Nationalbibliografie database; detailed bibliographical data are available online at: dnb.d-nb.de.

Peter Haimerl
Lothringerstraße 13
81667 München / Munich (DE)
+49 89 44760561
architektur@peterhaimerl.de
peterhaimerl.de

beierle.goerlich
Edward Beierle
Jutta Görlich
Aurbacherstraße 1
81541 München / Munich (DE)

beierlegoerlich.com
info@beierlegoerlich.com

In derselben Reihe bei Edition DETAIL erschien auch „Schedlberg“ / The book „Schedlberg“ was published as part of this same series by Edition DETAIL.

MIX
Papier aus verantwortungsvollen Quellen
FSC® C013736
FSC
www.fsc.org